SOCIAL MEDIA SURVIVAL GUIDE

NAVIGATING THE DIGITAL JUNGLE

EINLEITUNG

IN EINER ÄRA, IN DER SOZIALE MEDIEN EINEN FESTEN PLATZ IN UNSEREM TÄGLICHEN LEBEN HABEN, IST ES AN DER ZEIT, SICH MIT DEN HERAUSFORDERUNGEN ZU BEFASSEN, DIE SIE FÜR UNSERE MENTALE GESUNDHEIT UND UNSER WOHLBEFINDEN MIT SICH BRINGEN. DER "SOCIAL MEDIA SURVIVAL GUIDE" IST EIN HANDLICHES BUCH, DAS EINE KOMPAKTE, ABER UMFASSENDE ANLEITUNG BIETET, UM EINEN GESUNDEN UMGANG MIT SOZIALEN MEDIEN ZU FÖRDERN UND SICH VOR DEN NEGATIVEN AUSWIRKUNGEN ZU SCHÜTZEN. DIESE ANLEITUNG RICHTET SICH AN ALLE, DIE DIE DIGITALE WELT MIT MEHR BEWUSSTSEIN UND SELBSTFÜRSORGE ERKUNDEN WOLLEN.

KAPITEL 1: DIE SOZIALE MEDIENLANDSCHAFT

IN DIESEM KAPITEL WERFEN WIR EINEN BLICK AUF DIE SOZIALE MEDIENLANDSCHAFT UND WIE SIE SICH IM LAUFE DER JAHRE ENTWICKELT HAT.

WIR ERKUNDEN DIE VERSCHIEDENEN PLATTFORMEN, IHRE FUNKTIONSWEISEN UND IHRE AUSWIRKUNGEN AUF UNSER TÄGLICHES LEBEN. DARÜBER HINAUS BELEUCHTEN WIR DIE VORTEILE, DIE SOZIALE MEDIEN BIETEN, ABER AUCH DIE POTENZIELLEN FALLSTRICKE, AUF DIE WIR ACHTEN SOLLTEN.

WILLKOMMEN IN DER DIGITALEN WELT, IN DER SOZIALE MEDIEN ZU EINEM INTEGRALEN BESTANDTEIL UNSERES ALLTAGS GEWORDEN SIND.

PLATTFORMEN WIE FACEBOOK, INSTAGRAM, TWITTER, TIKTOK UND VIELE ANDERE HABEN UNSERE ART ZU KOMMUNIZIEREN, INFORMATIONEN ZU TEILEN UND VERBINDUNGEN ZU KNÜPFEN GRUNDLEGEND VERÄNDERT. DOCH WÄHREND SOZIALE MEDIEN ZWEIFELLOS VIELE VORTEILE BIETEN, IST ES AN DER ZEIT, AUCH EINEN KRITISCHEN BLICK AUF DIE HERAUSFORDERUNGEN ZU WERFEN, DIE SIE MIT SICH BRINGEN.

DER AUFSTIEG DER SOZIALEN MEDIEN

Die Anfänge der sozialen Medien reichen bis in die 90er Jahre zurück, als Plattformen wie "SixDegrees" und "Friendster" erste Schritte machten. Doch erst mit dem Start von Facebook im Jahr 2004 und später Twitter im Jahr 2006 nahm das Phänomen sozialer Medien richtig Fahrt auf. Seitdem hat sich die Landschaft stetig weiterentwickelt, mit der Einführung von Video-Sharing-Diensten wie YouTube, Foto-Sharing auf Instagram und den Aufstieg von Kurzvideo-Plattformen wie TikTok.

DIE MACHT DER VERNETZUNG

Eines der Hauptmerkmale von sozialen Medien ist ihre Fähigkeit, Menschen aus aller Welt miteinander zu verbinden. Familienmitglieder, Freunde und sogar Fremde können über Plattformen miteinander in Kontakt treten, Erfahrungen teilen und gemeinsame Interessen entdecken. Diese Vernetzung hat es ermöglicht, dass Informationen in Echtzeit geteilt und globale Gemeinschaften gebildet werden.

DIE SCHATTENSEITEN DER SOZIALEN MEDIEN

Trotz all dieser Vorteile gibt es auch Schattenseiten, die wir nicht ignorieren sollten. Die ständige Verfügbarkeit von Informationen und Interaktionen kann zu einem Gefühl der Überlastung und des ständigen Drucks führen, immer "up to date" zu sein. Vergleiche mit anderen, die ihr scheinbar perfektes Leben präsentieren, können zu Selbstzweifeln und einem Gefühl der Unzulänglichkeit führen.

DAS DILEMMA DER FILTERBLASE

SOZIALE MEDIEN HABEN AUCH DAZU GEFÜHRT, DASS WIR UNS IN UNSEREN EIGENEN "FILTERBLASEN" EINSCHLIESSEN, IN DENEN WIR HAUPTSÄCHLICH MIT MENSCHEN INTERAGIEREN, DIE ÄHNLICHE ANSICHTEN UND INTERESSEN HABEN. OBWOHL DIES DIE BILDUNG VON GEMEINSCHAFTEN FÖRDERN KANN, KANN ES AUCH DAZU FÜHREN, DASS WIR IN UNSERER PERSPEKTIVE EINGESCHRÄNKT WERDEN UND DEN KONTAKT ZU ANDEREN MEINUNGEN VERLIEREN.

DER EINFLUSS VON ALGORITHMEN

Die Funktionsweise der sozialen Medien wird durch Algorithmen gesteuert, die unsere Erfahrungen und Interaktionen beeinflussen. Diese Algorithmen entscheiden, welche Inhalte wir sehen und welche nicht, basierend auf unseren bisherigen Aktionen und Vorlieben. Es ist wichtig zu erkennen, dass diese Personalisierung auch dazu führen kann, dass uns nur noch Inhalte präsentiert werden, die unsere bestehenden Überzeugungen bestätigen, was zu einer Verzerrung unserer Sicht auf die Welt führen kann.

DIE BALANCE FINDEN

In einer Welt, die von sozialen Medien geprägt ist, ist es entscheidend, die Balance zu finden. Wir sollten uns bewusst sein, wie wir diese Plattformen nutzen und wie sie uns beeinflussen. Es ist in Ordnung, soziale Medien zu nutzen und die Vorteile der Vernetzung zu genießen, solange wir uns auch Zeit für uns selbst nehmen, um uns zu regenerieren, offline zu sein und unsere realen Beziehungen zu pflegen.

FAZIT

Dieses erste Kapitel hat uns einen Einblick in die soziale Medienlandschaft gegeben. Es ist wichtig, sowohl die positiven Aspekte als auch die Herausforderungen zu erkennen, die soziale Medien mit sich bringen. In den folgenden Kapiteln werden wir uns eingehender mit den Auswirkungen auf unsere mentale Gesundheit befassen und praktische Strategien entwickeln, um einen gesunden Umgang mit sozialen Medien zu fördern und uns vor negativen Einflüssen zu schützen. Lassen Sie uns gemeinsam die Reise zur bewussteren Nutzung der digitalen Welt fortsetzen.

KAPITEL 2: DIE AUSWIRKUNGEN AUF DIE MENTALE GESUNDHEIT

WILLKOMMEN ZURÜCK IM "SOCIAL MEDIA SURVIVAL GUIDE." IN DIESEM KAPITEL WERDEN WIR UNS EINGEHEND MIT DEN AUSWIRKUNGEN VON SOZIALEN MEDIEN AUF UNSERE MENTALE GESUNDHEIT BEFASSEN. OBWOHL SOZIALE MEDIEN VIELE POSITIVE ASPEKTE HABEN, IST ES WICHTIG, SICH BEWUSST ZU MACHEN, DASS SIE AUCH EINE VIELZAHL VON HERAUSFORDERUNGEN FÜR UNSER WOHLBEFINDEN MIT SICH BRINGEN KÖNNEN.

DER EINFLUSS VON SOCIAL MEDIA AUF UNSER GEHIRN

Soziale Medien wirken sich auf unser Gehirn aus und können neurologische Reaktionen auslösen. Beispielsweise kann das Erhalten von Likes, Kommentaren oder Benachrichtigungen ein Belohnungsgefühl hervorrufen, das ähnlich ist wie bei anderen angenehmen Aktivitäten. Dies kann jedoch zu einem ständigen Verlangen führen, nach mehr Bestätigung und Aufmerksamkeit zu suchen.

STRESS UND ANGSTZUSTÄNDE

Das ständige Scrollen und die Sorge, etwas zu verpassen, können zu chronischem Stress führen. Die ständige Verfügbarkeit von Informationen und Vergleichen mit anderen kann auch zu Angstzuständen führen. Das Streben nach Perfektion und das Gefühl, nicht mithalten zu können, können das Selbstwertgefühl beeinträchtigen und zu einem Gefühl der Unzulänglichkeit führen.

DEPRESSIONEN UND EINSAMKEIT

Obwohl soziale Medien als Mittel zur Vernetzung gedacht sind, können sie paradoxerweise auch Einsamkeit verstärken. Das ständige Vergleichen mit dem vermeintlich aufregenden Leben anderer kann zu einem Gefühl der Isolation führen. Zudem kann exzessive Nutzung von sozialen Medien zu einem Rückzug aus der realen Welt führen und die sozialen Interaktionen im "echten Leben" verringern, was zu Depressionen beitragen kann.

DIGITALE ABLENKUNG UND SCHLAFSTÖRUNGEN

Soziale Medien können zu einer ständigen Ablenkung führen, die unsere Produktivität beeinträchtigen und es uns schwer machen kann, uns auf wichtige Aufgaben zu konzentrieren. Darüber hinaus kann die nächtliche Nutzung von sozialen Medien vor dem Schlafengehen zu Schlafstörungen führen, da das blau-schwarze Licht von Bildschirmen die Produktion von Melatonin, dem Schlafhormon, beeinträchtigen kann.

DER TEUFELSKREIS DER AUFMERKSAMKEIT

Soziale Medien können auch den Teufelskreis der Aufmerksamkeit verstärken, indem sie uns in endlosen Schleifen des Scrolling und Konsumierens gefangen halten. Dies kann zu einem Zeitmangel führen, um wirklich bedeutungsvolle Aktivitäten zu verfolgen und kann unsere Fähigkeit beeinträchtigen, uns auf das Wesentliche zu konzentrieren.

DIE BEDEUTUNG DER DIGITALEN BALANCE

Es ist wichtig zu erkennen, dass nicht alle Aspekte von sozialen Medien schädlich sind. Sie können positive Erfahrungen, kreative Möglichkeiten und wertvolle Informationen bieten. Die Schlüsselkomponente ist jedoch die digitale Balance - das Bewusstsein dafür, wie wir soziale Medien nutzen und wie sie uns beeinflussen.

FAZIT

In diesem Kapitel haben wir die Auswirkungen von sozialen Medien auf unsere mentale Gesundheit untersucht. Es ist klar, dass soziale Medien sowohl positive als auch negative Effekte haben können. Im nächsten Kapitel werden wir uns darauf konzentrieren, wie wir uns aktiv vor den negativen Auswirkungen schützen können und praktische Strategien entwickeln, um einen gesunden Umgang mit sozialen Medien zu fördern, der unser Wohlbefinden unterstützt. Bleiben Sie dabei und lassen Sie uns gemeinsam den Weg zur mentalen Stärke und digitalem Wohlbefinden erkunden.

Hier tauchen wir tiefer in die Auswirkungen von sozialen Medien auf unsere mentale Gesundheit ein. Wir betrachten Forschungsergebnisse und Fallstudien, die zeigen, wie exzessive Nutzung von sozialen Medien Stress, Angstzustände, Depressionen und andere Herausforderungen verstärken kann. Dieses Kapitel soll die Leser für die potenziellen Gefahren sensibilisieren, die mit einer unkontrollierten Online-Präsenz einhergehen.

KAPITEL 3: DIE KUNST DER SELBSTREFLEXION

WILLKOMMEN ZURÜCK IM "SOCIAL MEDIA SURVIVAL GUIDE." IN DIESEM KAPITEL WERDEN WIR UNS MIT DER KUNST DER SELBSTREFLEXION BEFASSEN. SELBSTREFLEXION IST EIN WESENTLICHER SCHRITT, UM EINEN GESUNDEN UMGANG MIT SOZIALEN MEDIEN ZU ENTWICKELN. ES ERMÖGLICHT UNS, UNSERE EIGENEN GEWOHNHEITEN, BEDÜRFNISSE UND ZIELE ZU ERKENNEN UND BEWUSSTERE ENTSCHEIDUNGEN IN DER DIGITALEN WELT ZU TREFFEN.

DEN EIGENEN SOCIAL MEDIA KONSUM HINTERFRAGEN

Der erste Schritt zur Selbstreflexion besteht darin, unseren eigenen Social Media Konsum zu hinterfragen. Fragen Sie sich: Wie viel Zeit verbringe ich täglich auf sozialen Medien? Welche Plattformen nutze ich am häufigsten? Welche Emotionen und Gedanken lösen die Inhalte, die ich sehe, bei mir aus? Durch ehrliche Antworten können wir erkennen, ob unser Social Media Konsum gesund ist oder ob er unsere mentale Gesundheit beeinträchtigt.

KLARE ZIELE DEFINIEREN

Ein weiterer wichtiger Aspekt der Selbstreflexion ist das Festlegen klarer Ziele für unsere Online-Präsenz. Fragen Sie sich: Warum nutze ich soziale Medien? Was möchte ich durch meine Aktivitäten in der digitalen Welt erreichen? Indem wir uns unsere Ziele bewusst machen, können wir unseren Social Media Konsum gezielter gestalten und uns vor dem Verfallen in endlose Ablenkungen schützen.

DIE AUSWIRKUNGEN AUF DIE MENTALE GESUNDHEIT BEOBACHTEN

Beobachten Sie aufmerksam die Auswirkungen, die soziale Medien auf Ihre mentale Gesundheit haben. Achten Sie auf Anzeichen von Stress, Angst oder Unruhe, die durch die Nutzung von sozialen Medien verstärkt werden könnten. Identifizieren Sie auch die Inhalte oder Situationen, die Ihnen ein positives Gefühl vermitteln und welche Sie eher belasten. Diese Selbstbeobachtung hilft Ihnen dabei, eine bewusstere und gesündere digitale Umgebung für sich selbst zu schaffen.

DIGITALE PAUSEN EINLEGEN

Eine wichtige Form der Selbstreflexion besteht darin, sich bewusst Zeit für digitale Pausen zu nehmen. Planen Sie Zeiten, in denen Sie bewusst offline sind und sich auf andere Aktivitäten oder persönliche Begegnungen konzentrieren. Durch solche Pausen können Sie Ihre Gedanken ordnen, sich erholen und den Blick auf das Wesentliche richten.

ACHTSAMKEIT IN DER DIGITALEN WELT ÜBEN

Die Praxis der Achtsamkeit ist ein wertvolles Instrument, um einen gesunden Umgang mit sozialen Medien zu fördern. Seien Sie sich der Art und Weise bewusst, wie Sie soziale Medien nutzen, ohne sich darin zu verlieren. Wenn Sie erkennen, dass Sie sich in einer endlosen Scrolling-Schleife befinden oder negative Emotionen beim Betrachten bestimmter Inhalte empfinden, nehmen Sie sich einen Moment, um innezuhalten und Ihre Reaktionen zu beobachten.

REFLEKTIEREN SIE IHRE SOZIALE MEDIEN INTERAKTIONEN

Die Selbstreflexion umfasst auch unsere Interaktionen in der digitalen Welt. Denken Sie über die Art und Weise nach, wie Sie sich auf sozialen Medien präsentieren und wie Sie mit anderen interagieren. Achten Sie darauf, respektvoll und unterstützend zu sein, und überlegen Sie, ob Sie möglicherweise in Konflikte verwickelt sind, die vermieden werden könnten.

FAZIT

Die Kunst der Selbstreflexion ermöglicht es uns, einen bewussteren und gesünderen Umgang mit sozialen Medien zu entwickeln. Durch das Hinterfragen unseres Konsums, das Setzen von klaren Zielen, die Beobachtung der Auswirkungen auf unsere mentale Gesundheit und die Praxis der Achtsamkeit können wir die Kontrolle über unsere Online-Präsenz zurückgewinnen und eine positive digitale Erfahrung schaffen. In Kapitel 4 werden wir uns mit praktischen Strategien befassen, um einen gesunden Umgang mit sozialen Medien zu fördern und unser digitales Wohlbefinden zu stärken. Bleiben Sie dran und nutzen Sie die Macht der Selbstreflexion, um Ihre digitale Reise zu bereichern.

Ein entscheidender Schritt zur Förderung eines gesunden Umgangs mit sozialen Medien ist die Selbstreflexion. In diesem Kapitel werden wir verschiedene Techniken und Übungen vorstellen, die es den Lesern ermöglichen, ihre Beziehung zu sozialen Medien zu hinterfragen, ihre Ziele zu klären und eine gesunde Balance zu finden.

KAPITEL 4: PRAKTISCHE STRATEGIEN FÜR EIN GESUNDES DIGITALES WOHLBEFINDEN

WILLKOMMEN ZURÜCK IM "SOCIAL MEDIA SURVIVAL GUIDE." IN DIESEM KAPITEL WERDEN WIR UNS AUF PRAKTISCHE STRATEGIEN KONZENTRIEREN, UM EIN GESUNDES DIGITALES WOHLBEFINDEN ZU FÖRDERN. DIESE WERKZEUGE SOLLEN IHNEN HELFEN, EINE BEWUSSTERE UND POSITIVERE ERFAHRUNG IN DER DIGITALEN WELT ZU GESTALTEN.

1. SETZEN SIE KLARE ZEITLIMITS

Einer der effektivsten Wege, um einen gesunden Umgang mit sozialen Medien zu gewährleisten, ist das Setzen klarer Zeitlimits. Definieren Sie, wie viel Zeit Sie täglich oder wöchentlich auf sozialen Medien verbringen möchten und halten Sie sich daran. Verwenden Sie gegebenenfalls Apps oder Funktionen, die Sie daran erinnern, wenn Sie Ihre Zeitgrenze erreichen.

2. ENTFOLGEN UND ENTRÜMPELN SIE IHRE KANÄLE

Überprüfen Sie Ihre sozialen Medien-Kontakte und entfolgen Sie oder löschen Sie Konten, die Ihnen keine positiven Beiträge liefern oder Ihre mentale Gesundheit belasten. Säubern Sie Ihre Newsfeeds von Inhalten, die Sie negativ beeinflussen, und folgen Sie stattdessen Seiten und Personen, die Sie inspirieren und unterstützen.

3. SCHAFFEN SIE DIGITALE PAUSEN

Planen Sie regelmäßig digitale Pausen ein, in denen Sie bewusst offline sind und sich auf andere Aktivitäten konzentrieren. Nutzen Sie diese Zeit, um sich mit Freunden und Familie zu treffen, Sport zu treiben oder einfach nur die Natur zu genießen. Digitale Pausen ermöglichen es Ihrem Gehirn, sich zu erholen und neue Energie zu tanken.

4. PRAKTIZIEREN SIE DIGITALE ACHTSAMKEIT

Seien Sie achtsam, wie Sie soziale Medien nutzen. Wenn Sie merken, dass Sie sich in endlosen Scrolling-Schleifen verfangen oder negative Emotionen durch bestimmte Inhalte empfinden, nehmen Sie sich einen Moment, um innezuhalten. Fragen Sie sich, wie Sie sich dabei fühlen und ob es angemessen ist, weiterzumachen oder eine Pause einzulegen.

5. FÖRDERN SIE ECHTE SOZIALE INTERAKTIONEN

Bemühen Sie sich, persönliche und echte soziale Interaktionen zu fördern. Statt nur online zu kommunizieren, treffen Sie sich mit Freunden persönlich, rufen Sie Familienmitglieder an oder verabreden Sie sich zu einer gemeinsamen Aktivität. Echte Begegnungen stärken Ihre Verbindungen und fördern ein Gefühl der Zugehörigkeit.

6. BEGRENZEN SIE BENACHRICHTIGUNGEN

Verringern Sie die Anzahl der Benachrichtigungen, die Sie von sozialen Medien erhalten. Schalten Sie Benachrichtigungen aus, die nicht dringend sind, um Ablenkungen zu minimieren und Ihre Produktivität zu erhöhen. Lassen Sie sich nur von wichtigen Mitteilungen benachrichtigen, um Ihre Konzentration auf andere Dinge nicht zu beeinträchtigen.

7. ÜBEN SIE DAS PRINZIP DER "NETIQUETTE"

Seien Sie respektvoll und unterstützend in Ihren digitalen

Interaktionen. Halten Sie sich an das Prinzip der "Netiquette" und vermeiden Sie Konflikte oder negative Kommentare. Behandeln Sie andere so, wie Sie selbst behandelt werden möchten, und schaffen Sie eine positive und unterstützende Online-Community.

8. FINDEN SIE ALTERNATIVE HOBBYS UND INTERESSEN

Entdecken Sie alternative Hobbys und Interessen außerhalb der digitalen Welt. Engagieren Sie sich in Aktivitäten, die Ihnen Freude bereiten und Sie erfüllen. Dies kann kreative Projekte, Sport, Lesen oder andere Freizeitaktivitäten umfassen.

FAZIT

In diesem Kapitel haben wir praktische Strategien untersucht, um ein gesundes digitales Wohlbefinden zu fördern. Indem Sie klare Zeitlimits setzen, Ihre Kontakte und Inhalte auswählen, digitale Pausen einlegen und digitale Achtsamkeit üben, können Sie Ihre Beziehung zu sozialen Medien positiv beeinflussen. Seien Sie proaktiv in Ihrer digitalen Welt und nutzen Sie die Macht der Selbstreflexion, um Ihre mentale Gesundheit zu schützen und Ihr Wohlbefinden zu stärken. In Kapitel 5 werden wir uns auf den langfristigen Ansatz konzentrieren und Ihnen Werkzeuge geben, um Ihren gesunden Umgang mit sozialen Medien aufrechtzuerhalten. Bleiben Sie dran und nehmen Sie die Kontrolle über Ihre digitale Reise in die Hand.

Dieses Kapitel bietet eine Vielzahl praktischer Strategien, um den Einfluss sozialer Medien auf unser Leben zu kontrollieren. Wir werden Möglichkeiten erkunden, wie man den Drang zur ständigen Nutzung überwinden kann, wie man die Dosis an Informationen reduziert, die man konsumiert, und wie man achtsamere Online-Interaktionen pflegt.

KAPITEL 5: DIGITALE GRENZEN SETZEN

IM LETZTEN KAPITEL GEHEN WIR AUF DIE BEDEUTUNG DER DIGITALEN GRENZEN EIN. WIR ERÖRTERN, WIE MAN KLARE GRENZEN ZWISCHEN ONLINE- UND OFFLINE-ZEITEN ZIEHT, DIE PRIVATSPHÄRE SCHÜTZT UND DIE EIGENE IDENTITÄT IN DER DIGITALEN WELT BEWUSST GESTALTET. DIE LESER WERDEN BEFÄHIGT, EINE AUSGEWOGENE UND GESUNDE NUTZUNG SOZIALER MEDIEN ZU ENTWICKELN, DIE IHR WOHLBEFINDEN FÖRDERT.

HERZLICHEN GLÜCKWUNSCH, SIE HABEN ES FAST GESCHAFFT! IN DIESEM LETZTEN KAPITEL DES "SOCIAL MEDIA SURVIVAL GUIDE" WERDEN WIR EINEN PERSÖNLICHEN AKTIONSPLAN ENTWICKELN, UM IHR DIGITALES WOHLBEFINDEN ZU STÄRKEN. EIN AKTIONSPLAN IST EIN WERTVOLLES INSTRUMENT, UM IHRE ERKENNTNISSE IN DIE PRAXIS UMZUSETZEN UND LANGFRISTIGE POSITIVE VERÄNDERUNGEN IN IHREM UMGANG MIT SOZIALEN MEDIEN ZU BEWIRKEN.

1. REFLEKTIEREN SIE IHRE ZIELE

Beginnen Sie damit, Ihre Ziele in Bezug auf die Nutzung von sozialen Medien zu reflektieren. Was möchten Sie mit Ihrer Online-Präsenz erreichen? Welche Art von Inhalten möchten Sie teilen und welche möchten Sie konsumieren? Indem Sie Ihre Ziele klar definieren, können Sie Ihren Social Media Konsum gezielter gestalten und Ablenkungen minimieren.

2. SETZEN SIE KLARE GRENZEN

Basierend auf Ihren Reflektionen legen Sie klare Grenzen für Ihre soziale Medien Nutzung fest. Bestimmen Sie, wie viel Zeit Sie täglich oder wöchentlich auf sozialen Medien verbringen möchten und halten Sie sich daran. Legen Sie auch bestimmte Zeiten fest, zu denen Sie bewusst offline sind, um sich zu erholen und Ihre mentale Gesundheit zu stärken.

3. ERSTELLEN SIE EINE LISTE DER POSITIVEN INHALTE

Erstellen Sie eine Liste von Seiten, Personen oder Themen, die Ihnen auf sozialen Medien positive Gefühle und Inspiration vermitteln. Nutzen Sie diese Liste, um Ihre Newsfeeds zu bereichern und sich auf Inhalte zu konzentrieren, die Ihr Wohlbefinden fördern.

4. ENTWICKELN SIE STRATEGIEN ZUR STRESSBEWÄLTIGUNG

Überlegen Sie, wie Sie mit Stress und negativen Emotionen umgehen können, die durch soziale Medien verursacht werden. Entwickeln Sie Strategien zur Stressbewältigung, wie z.B. Atemübungen, Meditation oder das Schreiben in einem Tagebuch. Wenn Sie sich gestresst fühlen, können Sie auf diese Methoden zurückgreifen, um sich zu beruhigen und eine positive Perspektive zu bewahren.

5. SCHAFFEN SIE OFFLINE-ZEITEN

Planen Sie bewusst Offline-Zeiten ein, in denen Sie Ihre digitale Verbindung unterbrechen und sich auf andere Aktivitäten konzentrieren. Nutzen Sie diese Zeit, um sich mit Ihren Hobbys, Ihrer Familie oder Ihren Freunden zu beschäftigen. Verbinden Sie sich mit der realen Welt und genießen Sie die Momente jenseits des Bildschirms.

6. HALTEN SIE SICH AN IHREN AKTIONSPLAN FEST

Ein Aktionsplan funktioniert nur, wenn Sie sich aktiv daran halten. Es ist ganz natürlich, dass Sie hin und wieder in alte Gewohnheiten zurückfallen, aber lassen Sie sich davon nicht entmutigen. Seien Sie geduldig mit sich selbst und erinnern Sie sich immer wieder an Ihre Ziele und den Mehrwert eines gesunden Umgangs mit sozialen Medien.

7. TEILEN SIE IHRE ERFAHRUNGEN

Teilen Sie Ihre Erfahrungen und Erkenntnisse mit Freunden oder in einer unterstützenden Community. Der Austausch von Erfahrungen kann inspirieren undandere dazu ermutigen, auch an ihrem digitalen Wohlbefinden zu arbeiten. Teilen Sie Ihre Herausforderungen, Erfolge und Tipps, um ein unterstützendes Netzwerk aufzubauen und voneinander zu lernen.

8. REGELMÄSSIGE ÜBERPRÜFUNG UND ANPASSUNG

Ein Aktionsplan sollte regelmäßig überprüft und angepasst werden, um sicherzustellen, dass er weiterhin effektiv ist und Ihren Bedürfnissen entspricht. Nehmen Sie sich Zeit, um zu reflektieren, wie sich Ihr Umgang mit sozialen Medien verbessert hat und welche Bereiche möglicherweise noch weiterentwickelt werden müssen. Passen Sie Ihren Aktionsplan entsprechend an, um kontinuierlich positive Veränderungen zu fördern.

FAZIT

Herzlichen Glückwunsch! Sie haben nun Ihren persönlichen Aktionsplan für digitales Wohlbefinden entwickelt. Durch die Reflexion Ihrer Ziele, das Setzen von klaren Grenzen, das Schaffen von Offline-Zeiten und die Anwendung von Stressbewältigungsstrategien sind Sie bereit, einen gesunden Umgang mit sozialen Medien zu praktizieren.

Denken Sie daran, dass dieser Aktionsplan ein Werkzeug ist, das Ihnen hilft, bewusstere Entscheidungen in der digitalen Welt zu treffen. Bleiben Sie engagiert und halten Sie sich an Ihre Ziele, um langfristig von einem gesunden digitalen Wohlbefinden zu profitieren.

Es liegt an Ihnen, die Kontrolle über Ihre soziale Medienreise zu übernehmen und eine positive Balance zwischen der Online- und der Offline-Welt zu finden. Seien Sie achtsam, pflegen Sie echte Verbindungen und nutzen Sie die digitalen Medien bewusst und verantwortungsbewusst. Auf diese Weise können Sie das Beste aus der digitalen Welt herausholen und gleichzeitig Ihr Wohlbefinden und Ihre mentale Gesundheit schützen.

Vielen Dank, dass Sie den "Social Media Survival Guide" begleitet haben. Ich wünsche Ihnen alles Gute auf Ihrer Reise zu einem gesunden digitalen Leben!

SCHLUSSWORT

HERZLICHEN GLÜCKWUNSCH, SIE HABEN DEN "SOCIAL MEDIA SURVIVAL GUIDE" ERFOLGREICH ABGESCHLOSSEN! IN DIESEM BUCH HABEN WIR UNS MIT DEN HERAUSFORDERUNGEN UND MÖGLICHKEITEN DER SOZIALEN MEDIEN AUSEINANDERGESETZT UND PRAKTISCHE STRATEGIEN ENTWICKELT, UM EIN GESUNDES DIGITALES WOHLBEFINDEN ZU FÖRDERN. WÄHREND DIE DIGITALE WELT IMMER PRÄSENTER WIRD, IST ES VON ENTSCHEIDENDER BEDEUTUNG, DASS WIR UNS BEWUSST MIT DEN AUSWIRKUNGEN VON SOZIALEN MEDIEN AUF UNSERE MENTALE GESUNDHEIT UND UNSER ALLGEMEINES WOHLBEFINDEN AUSEINANDERSETZEN.

DIE SOZIALEN MEDIEN HABEN ZWEIFELLOS VIELE VORTEILE, DARUNTER DIE MÖGLICHKEIT, SICH MIT ANDEREN ZU VERNETZEN, INFORMATIONEN ZU TEILEN UND DIE WELT IN ECHTZEIT ZU ERFAHREN. GLEICHZEITIG KÖNNEN SIE JEDOCH AUCH STRESS, ANGSTZUSTÄNDE, DEPRESSIONEN UND EINSAMKEIT VERSTÄRKEN. ES LIEGT AN UNS, UNSERE BEZIEHUNG ZU SOZIALEN MEDIEN BEWUSST ZU GESTALTEN UND STRATEGIEN ZU ENTWICKELN, UM UNS VOR DEN NEGATIVEN AUSWIRKUNGEN ZU SCHÜTZEN.

IN DEN VERSCHIEDENEN KAPITELN DIESES BUCHES HABEN WIR WICHTIGE ASPEKTE BEHANDELT, WIE DIE REFLEXION UNSERER ZIELE UND GEWOHNHEITEN, DIE SELBSTREGULIERUNG, DIE ACHTSAMKEIT, DIE DIGITALE BALANCE UND DEN BEWUSSTEN UMGANG MIT SOZIALEN MEDIEN. WIR HABEN GELERNT, UNSERE ZEIT AUF SOZIALEN MEDIEN ZU BEGRENZEN, UNS VON NEGATIVEN INHALTEN UND BEZIEHUNGEN ZU BEFREIEN, OFFLINE-ZEITEN EINZUPLANEN UND BEWUSSTE ENTSCHEIDUNGEN ZU TREFFEN, DIE UNSER WOHLBEFINDEN STÄRKEN.

ES IST WICHTIG ZU BETONEN, DASS JEDER INDIVIDUELL IST UND DASS ES KEINE EINHEITLICHE LÖSUNG GIBT, DIE FÜR ALLE GILT. JEDER VON UNS MUSS SEINE EIGENE BALANCE FINDEN UND HERAUSFINDEN, WAS FÜR IHN AM BESTEN FUNKTIONIERT. ES ERFORDERT SELBSTREFLEXION, GEDULD UND DIE BEREITSCHAFT, SICH AN NEUE GEWOHNHEITEN ANZUPASSEN. SEIEN SIE NICHT ZU HART ZU SICH SELBST, WENN SIE GELEGENTLICH IN ALTE MUSTER ZURÜCKFALLEN. DIE ENTWICKLUNG EINES GESUNDEN UMGANGS MIT SOZIALEN MEDIEN IST EIN PROZESS, DER ZEIT BRAUCHT.

WIR MÖCHTEN SIE ERMUTIGEN, DIE ERLERNTEN STRATEGIEN IN IHREM TÄGLICHEN LEBEN UMZUSETZEN UND VERÄNDERUNGEN SCHRITTWEISE VORZUNEHMEN. VERLIEREN SIE NIE AUS DEN AUGEN, DASS SIE DIE KONTROLLE ÜBER IHRE DIGITALE PRÄSENZ HABEN. NUTZEN SIE SOZIALE MEDIEN BEWUSST UND VERANTWORTUNGSBEWUSST, UM IHRE ZIELE ZU ERREICHEN, IHRE LEIDENSCHAFTEN ZU VERFOLGEN UND POSITIVE VERBINDUNGEN AUFZUBAUEN.

DENKEN SIE DARAN, DASS DAS WOHLBEFINDEN IN DER REALEN WELT GENAUSO WICHTIG IST WIE IN DER DIGITALEN WELT. PFLEGEN SIE ECHTE BEZIEHUNGEN, ENGAGIEREN SIE SICH IN AKTIVITÄTEN, DIE IHNEN FREUDE BEREITEN, UND NEHMEN SIE SICH ZEIT FÜR SICH SELBST, UM AUFZUTANKEN UND SICH ZU REGENERIEREN. DAS GLEICHGEWICHT ZWISCHEN DEM DIGITALEN UND DEM ANALOGEN LEBEN ZU FINDEN, IST DER SCHLÜSSEL ZU EINEM ERFÜLLTEN UND GESUNDEN LEBEN.

WIR HOFFEN, DASS DER "SOCIAL MEDIA SURVIVAL GUIDE" IHNEN GEHOLFEN HAT, EIN BEWUSSTSEIN FÜR DIE HERAUSFORDERUNGEN DER SOZIALEN MEDIEN ZU ENTWICKELN UNDSIE MIT WERTVOLLEN STRATEGIEN AUSGESTATTET HAT, UM EIN GESUNDES DIGITALES WOHLBEFINDEN ZU FÖRDERN. UNSER ZIEL WAR ES, IHNEN WERKZEUGE UND ERKENNTNISSE AN DIE HAND ZU GEBEN, DIE IHNEN HELFEN, DIE KONTROLLE ÜBER IHRE ONLINE-PRÄSENZ ZU BEHALTEN UND EINE POSITIVE BALANCE ZU FINDEN.

SEIEN SIE STOLZ AUF SICH, DASS SIE DEN MUT
HATTEN, SICH MIT DEN POTENZIELLEN GEFAHREN
UND NEGATIVEN AUSWIRKUNGEN VON SOZIALEN
MEDIEN AUSEINANDERZUSETZEN. INDEM SIE
DIESES WISSEN ANWENDEN UND IHREN
PERSÖNLICHEN AKTIONSPLAN UMSETZEN, KÖNNEN
SIE EINE VERÄNDERUNG BEWIRKEN - NICHT NUR
FÜR SICH SELBST, SONDERN AUCH FÜR IHR
UMFELD.

GEHEN SIE NUN HINAUS UND TEILEN SIE IHR
NEUES WISSEN UND IHRE ERFAHRUNGEN MIT
ANDEREN. SEIEN SIE EINE QUELLE DER
INSPIRATION UND DES SUPPORTS FÜR IHRE
FAMILIE, FREUNDE UND GEMEINSCHAFT.
GEMEINSAM KÖNNEN WIR EINE KULTUR DES
BEWUSSTEN UMGANGS MIT SOZIALEN MEDIEN
SCHAFFEN UND EIN DIGITALES UMFELD FÖRDERN,
DAS UNSER WOHLBEFINDEN UND UNSERE
MENTALE GESUNDHEIT UNTERSTÜTZT.

ABSCHLIESSEND MÖCHTEN WIR IHNEN FÜR IHRE ZEIT UND IHR ENGAGEMENT DANKEN. WIR HOFFEN, DASS DER "SOCIAL MEDIA SURVIVAL GUIDE" FÜR SIE EINE WERTVOLLE RESSOURCE WAR UND DASS SIE DIE ERLERNTEN STRATEGIEN ERFOLGREICH IN IHR LEBEN INTEGRIEREN KÖNNEN. DENKEN SIE DARAN, DASS IHR WOHLBEFINDEN AN ERSTER STELLE STEHT, UND NEHMEN SIE SICH REGELMÄSSIG ZEIT, UM IHRE BEZIEHUNG ZU SOZIALEN MEDIEN ZU ÜBERPRÜFEN UND ANZUPASSEN.

ALLES GUTE AUF IHRER REISE ZU EINEM GESUNDEN DIGITALEN LEBEN!